GUT GESCHISSEN?!
Vol. 2

Das Klobuch des unnützen Horrorfanwissens

AF138929

GEBRAUCHSANWEISUNG

FÜR DEN GASTGEBER:
- Kugelschreiber an das Buch stecken
- Das Buch gut sichtbar neben dem Klo platzieren

FÜR DEN GAST
- Hosen runter lassen.
- Hinsetzen.
- Lesen + Geschäft erledigen.
- Vor dem Weglegen eine Unterschrift, oder Kommentar im Bereich „Gästebucheintrag" Hinterlassen.
- Popo abwischen.
- Die Beweise für das Geschäft vernichten
- Hände gründlich reinigen.
- Toilette so hinterlassen, wie sie sie vorgefunden hatte.

DANKE

ANMERKUNG DES AUTORS:

Wie schon bei der Vol.1 habe ich gründlich recherchiert und kann ihnen daher versichern, dass zumindest 95% der hier überlieferten Sachen der Wahrheit entsprechen.

Mein größter Dank gilt den Lesern meines Blogs „Splattermovies – Das Splatterblog", und genauso Judith „Naggi" Wilde und dem Team von „The walking Dead Germany", die mich in den vergangenen Jahren fleißig unterstützt haben.
Dieses Buch ist euch allen gewidmet.

**Mit freundlichen Grüßen
Andreas Port**

Ausgeschlossen:

In der "**Scream**"-Reihe wird der Killer Ghostface von Roger L. Jackson gesprochen.

Wes Craven hielt Jackson absichtlich vor den Schauspielern versteckt, damit deren Furcht in den Szenen, in denen sie am Telefon von ihm terrorisiert wurden, authentischer rüber kam.

So rief Jackson auch während des Drehs tatsächlich von einem Versteck am Set an.

Fanliebe: Sam Raimi machte kein Geheimnis darum, dass er ein großer Fan von Wes Craven war.

So sieht man in "**Tanz der Teufel**" ein Poster von "**The Hills have Eyes**" in einer Ecke im Keller herum liegen. Zudem hängt in der Fortsetzung Freddy Kruegers Handschuh aus "**A Nightmare on Elm Street**" im Geräteschuppen.

Verblödung nach zwei Folgen:
Entgegen der Comic-Vorlage besaßen
die Zombies in den ersten zwei
Folgen von "**The walking Dead**" eine
gewisse Form einfacher Intelligenz.
So konnten sie Türklinken benutzen
(Folge 1), Leitern hoch klettern (Folge
2) und gebrauchten sogar einen
großen Stein, um eine Glastür
einzuschlagen (ebenfalls Folge 2).
Danach war in der Serie von schlauen
Zombies aber keine Spur mehr.

Sich Zeit lassen: Es hat ein glattes
Jahr gedauert, um die berühmte Szene in
"**Shining**" vorzubereiten, in der
Unmengen von Blut aus dem Fahrstuhl
strömen.
Der Dreh der Szene selbst, dauerte nur
drei Tage.

Umgetauft: Jason, der legendäre
Killer aus der **"Freitag der 13te"**-Reihe
sollte ursprünglich "Josh" heißen.

GÄSTEBUCHEINTRAG:

_____

_____

_____

_____

_____

_____

_____

_____

_____

_____

_____

_____

_____

_____

_____

_____

_____

RATERUNDE 1

1. **Aus welchem Film stammt das Zitat „Wir brauchen ein größeres Boot"?**
   a) Der Mörder Alligator
   b) Der weiße Hai
   c) Barrakuda

2. **Welcher dieser Filme stammt nicht von John Carpenter?**
   a) Halloween
   b) Ghosts of Mars
   c) Vampire
   d) Maniac Cop
   e) Das Ding aus einer anderen Welt

3. **Wer spielte in „Das schweigen der Lämmer" die Hauptrolle:**
   a) Jodie Foster
   b) Juliane Moore
   c) Jamie Fox
   d) Julia Roberts

Lösungen hinten im Buch auf letzter Seite.

Drecksarbeit: Angeblich schlief Sissy Spacek drei Nächte lang in ihren Make-Up und Kunstblut-Outfit, um Anschlussfehler beim Dreh des Finales von **"Carrie"** zu vermeiden.

Missversanden:

Die Regel, dass nur Jungfrauen einen Slasherfilm überleben, wurde in **"Halloween"** nicht absichtlich aufgestellt. Laut Regisseur John Carpenter und Co-Autorin Debra Hill, wurden die Teenager im Film nicht getötet, weil sie schon mal Sex hatten, sondern, weil sie so damit beschäftigt waren flach gelegt zu werden, dass sie deswegen nichts mehr um sich herum bemerkten.

Dagegen war Jamie Lee Curtis Figur immer mit sich selbst beschäftigt und daher achtsamer.

Doppelgänger: Beim ersten Auftritt von Michonne am Ende der zweiten Staffel von **"The walking Dead"** war die Rolle noch gar nicht besetzt, weshalb der Zuschauer nur eine verhüllte Platzhalterin und nicht die spätere Darstellerin Danai Gurira sah.

Irre geführt: Danny Lloyd,

der in „**Shining**" den Jungen Danny spielte, wusste bis zu seinem 17. Lebensjahr nicht, dass er in einem Horrorfilm mitgespielt hatte.
Man hatte dem damals Sechsjährigen, der aus über 5000 Bewerbern ausgewählt wurde, gesagt, er spiele in einem Drama mit.
Außerdem spielte Lloyd in seiner Karriere nur noch in dem Film ("Nixon´s rechte Hand") mit.

Anspielung: Im ersten

„**Scream**" Film trägt der Hausmeister einen rot-grün gestreiften Pulli und heißt Fred, als Anspielung auf Freddy Krueger aus "**A Nightmare on Elm Street**".
Gespielt wurde er von Regisseur Wes Craven persönlich.

Jugendschutz/Zensur-Wissen:
Erwachsenen Freigaben

FSK: ab 18 (Heimkino-Medien) –
Der Film darf offen im Handel ausgelegt und
an volljährige Kunden verkauft werden.
Dafür darf der Film aber nicht mal leicht
jugendgefährdenden sein. Andernfalls sind
Kürzungen für die Freigabe notwendig.
Allerdings kann der Film in der FSK:ab18-
Fassung auch nicht mehr indiziert werden.

FSK: ab18 (Kino) -
Fürs Kino kann ein Film, aufgrund des
erschwerten Zugangs für Jugendliche, noch
leicht jugendgefährdend sein. Ab einer
schweren Jugendgefährdung werden Schnitt
für den Erhalt der Erwachsenenfreigabe
notwendig. Die ändert allerdings Nichts
daran, dass der Film für die Heimkino-
Freigabe nochmal geprüft, gegebenenfalls
noch stärker zensiert, werden muss.

Spio/JK: Keine schwere
Jugendgefährdung –
Wenn die FSK einem Film die Freigabe
verweigert, hat man noch die Möglichkeit bei
der Juristenkommission der Spio ein
Gutachten einzuholen.
Die sogenannte leichte JK erlaubt einen
Verkauf im freien Handel, solange der Film
keine schwere Jugendgefährdung aufweist,

andernfalls sind auch hier Schnitte zum Erhalt der Freigabe notwendig.
Allerdings schützt eine Freigabe der JK weder vor eine Indizierung, noch vor einer Beschlagnahme.

Spio/JK: Strafrechtlich unbedenklich –
Hier ist auch mit einer schweren Jugendgefährdung eine Freigabe möglich, solange der Film keine strafrechtliche Relevanz aufweist (etwa §131: Gewaltverherrlichung).
Mit der sogenannten schweren JK kann der Film aber nicht frei im Handel ausgelegt und verkauft werden, sondern nur in Räumlichkeiten, zu denen Kinder und Jugendliche keinen Zugang haben. Auch schützt die Freigabe den Film weder vor einer Indizierung, noch vor einer Beschlagnahme. Sie dient einzig dazu dem Herausgeber eine Rechtssicherheit zu gewähren.

Juristisch Geprüft -
Identisch zur schweren JK. Nur, dass der Herausgeber nicht die Spio, sondern einen eigenen Juristen mit eineem Gutachten beauftragt hat.

Im Übrigen werden Filme weder von der FSK geschnitten, noch spricht diese

Schnittempfehlungen aus. Sie kann einzig eine Freigabe verweigern.

Die Spio/JK dagegen, kann im Zusammenhang mit einer Freigabeverweigerung Schnittempfehlungen aussprechen.

Fachwissen: Jack Nicholson

arbeitete in seiner Freizeit als freiwilliger Feuerwehrmann.
In der Szene, in der er in "Shining" eine Tür mit einer Axt zertrümmern sollte, empfand er die eigens dafür präparierte Tür als zu einfach, und zertrümmerte daher auf eigenen Wunsch eine echte Tür.

Suspekt: Heather Donahue,

Darstellerin in "**The Blairwitch Project**" befürchtet beim Dreh, dass sie in einem Snuff-Film gelandet sei und der Regisseur sie tatsächlich umbringen wollte.
Hintergrund ist, dass die Darsteller tatsächlich nur wenige Drehbuchseiten und Anweisungen bekamen und oft nicht wussten was als Nächstes passieren würde, damit die gespielte Angst im Film authentischer rüber kam.
Der Dreh dauerte übrigens nur 8 Tage.

Übrigens:

Bei Produktionskosten von 60.000 Dollar und einem weltweiten Einspiel von über 250.000.000 Dollar, ist "The Blair Witch Project" der zweit erfolgreichste Film, im Vergleich von Einnahmen gegenüber Budget. Einzig der berüchtigte Porno-Klassiker "Deep Throad" ist mit einem Einspiel von 600.000.000 gegenüber 25.000 Budget erfolgreicher.

Geschmackvoller Titel: Tobe Hoopers Kult-Klassiker "**Texas Chainsaw Massacre**" sollte ursprünglich "Head Cheese" ("Kopf-Sülze") heißen.

GÄSTEBUCHEINTRAG:

_____

_____

_____

_____

_____

_____

_____

_____

_____

_____

_____

_____

_____

_____

_____

_____

_____

_____

_____

_____

_____

_____

_____

RATERUNDE 2

1. **Welches ist keine Stephen King Verfilmung?**

   a) Stand by me
   b) Die Verurteilten
   c) Christine
   d) The Green Mile
   e) Phantoms
   f) Dolores
   g) The Mist

2. **Welcher der folgenen Darsteller wurde von Freddy Krueger nicht getötet?**

   a) Johnny Depp
   b) Jenniffer Rubin
   c) Brad Pitt

3. **Wie viele der Hauptfiguren überlebten George A. Romeros „Nacht der lebenden Toten"?**

   a) 0
   b) 1
   c) 2

Lösungen hinten im Buch auf letzter Seite.

Früh übt sich: Der kleine
Junge Billy in **"Creepshow"** wird von
Stephen Kings Sohn Joe Hill gespielt.
Dieser ist mittlerweile, wie sein Vater,
ein erfolgreicher Horror-Autor.

Zum Kotzen: Um die
Katastrophen-Szene in "Final Destination
3" zu drehen, mussten die Schauspieler
tatsächlich 26 mal in der echten
Achterbahn mitfahren.

Lesestoff: In der ersten
Verfilmung von **"Kinder des Zorns"**, in
der Szene, in der Linda Hamilton und
Peter Horton mit dem Auto unterwegs
sind, liegt eine zerfledderte Ausgabe von
Stephen Kings Kurgeschichtensammlung
"Nachtschicht" auf dem Armaturenbrett
herum.
In genau diesem Buch befindet sich auch
die literarische Vorlage zum Film.

Psychospiel: Während des Drehs zu "Candyman" ließ sich Virginia Madsen hypnotisieren, um ihre Trance im Film glaubhaft darzustellen.

„The walking Dead" und die amerikanische Geschichte: In den 1830ern wurde die amerikanische Siedlung am ende der westlichen und atlantischen Eisenbahnstrecken Terminus genannt. Später wurde sie in "Atlanta" umgetauft.

Melodisch: Der Film **„Hostel"** wurde zu großen Teilen in Prag, in einer verlassenen psychiatrischen Einrichtung für kriminelle Gewalttäter gedreht. Die Location war so unheimlich, dass Regisseur Eli Roth alles ständig mit Kammermusik berieseln musste, um die Crew ruhig zu halten.

Sehr talentiert: Rose McGowan, deren Figur in **"Scream"** stirbt, weil sie nicht durch eine Hundeklappe passte, hat es im realen Leben geschafft durch eine Hundeklappe zu kriechen.

GÄSTEBUCHEINTRAG:

_____
_____
_____
_____
_____
_____
_____
_____
_____
_____
_____
_____
_____
_____
_____
_____

Extraterrestrisch: Weil der Verlag dachte, dass ein Comic über Zombies allein nicht interessant genug sein würde, behauptete **"The walking Dead"**-Autor Robert Kirkman, dass im weiteren Verlauf der Geschichte auch noch Aliens auftauchen würden.

Die Aliens kamen nie, aber **"The walking Dead"** wurde trotzdem eine der erfolgreichen Comic-Reihen Weltweit.

Ganz schön echt: Die wahre Lorraine Warren hat in dem Film **"The Conjuring"** einen Kurzauftritt als Gast im Publikum, während die von Vera Farmiga verkörperte Film-Version von ihr den "Annabelle"-Fall bespricht.

Irre: Die High School in **"Carrie"** heißt Bates High. In Anlehnung an Norman Bates aus "Psycho".

Prachtbau: Das Produzenten-Haus im Finale von **"Scream 3"** ist das selbe Haus (respektive die Privatschule) in dem "Halloween H2o" gedreht wurde.

Schockiert und kassiert:

Ein Mann verklagte Warner Bros. nachdem er bei einer Vorführung von **"Der Exorzist"** in Ohnmacht gefallen ist und sich dabei den Kiefer brach.
Das Studio verglich sich mit dem Mann. Die genaue Summe ist nicht bekannt.

Süß: Beim Dreh der 14. Episode der 4. Staffel von "The walking Dead" musste Carl-Darsteller Chandler Riggs 122 Löffel Schokopudding essen.
...Danach konnte er Schokopudding nicht mehr leiden.

Böse Kinderspiele: Victor Salva, der Regisseur von **"Jeepers Creepers"** ist ein verurteilter Kinderschänder.
Beim Dreh zum Film "Clownhouse" misshandelte er den damals 12jährigen Schauspieler Nathan Forrest Winters und filmte sich beim Oralsex mit dem Jungen. Er wurde zu drei Jahren Haft verurteilt, wovon er fünfzehn Monate im Gefängnis verbrachte.

Aberglaube: Als der Film "**The Conjuring**" auf den Philippinen in die Kinos kam, mussten die Kinobetreiber eigens für den Film katholische Priester rufen, die das Publikum vor der Vorführung segneten, weil einige der Leute die den Film zuvor gesehen hatten, meinten danach die Gegenwart von Etwas bösen zu spüren.

Ein ganz Hübscher:

Norman Reedus war, bevor er als Daryl mit "**The walking Dead**" durchstartete, auch als Model (u.a. für Prada) tätig. Filmfans war er zuvor schon, dank seiner Hauptrolle in dem Kult-Selbstjustiz-Reißer "**Der blutige Pfad Gottes**" ("The Boondock Saints") bekannt.

Unterkühlt: Tja, was man heutzutage mit CGI erledigen konnte, musste früher mit immensen Aufwand auf die Beine gestellt werden. So musste beim Dreh von "**The Exorzist**" die komplette Schlafzimmerkulisse auf arktische Temperaturen herunter gekühlt werden, damit man den Atem der Schauspieler sehen konnte.

Eine echte Alternative:

Ursprünglich war Jack Nicholson für die Rolle des Hannibal Lecter in "**Das Schweigen der Lämmer**" im Gespräch.

GÄSTEBUCHEINTRAG:

_____

_____

_____

_____

_____

_____

_____

_____

_____

_____

_____

_____

_____

_____

_____

_____

_____

_____

RATERUNDE 3

1. **Wie ist der Name des Killes, der in der Puppe „Chucky" steckt?**

   a) Charles Manson
   b) Charles Lee Ray
   c) Charles Bronson

2. **Welcher dieser Schauspieler hat nie mit einem Predator gekämpft?**

   a) Danny Glover
   b) Adrian Brody
   c) Arnold Schwarzenegger
   d) Jean Claude Van Damme

3. **Brad Pitt spielte am Anfang seiner Karriere in einem Slasher. Welcher war es?**

   a) Halloween 2
   b) Todesparty 2
   c) Freitag der 13te 2
   d) Sleepaway Camp 2

Lösungen hinten im Buch auf letzter Seite.

Dumm gelaufen: Charlie

Sheens Spielfilm-Debüt war eine Fortsetzung zu dem Tierhorror-Klassiker "**Grizzly**". Der Film wurde nie veröffentlicht!

Lecker: Das Blut, sowohl in

„**Psycho**", als auch „**Nacht der lebenden Toten**", war in Wirklichkeit Schokoladensirup.

Lecker, die Zweite! Das

Menschenfleisch, dass die Zombies in der **The walking Dead** verspeisen, ist in Essig eingelegter Schinken. Beim Tod von **Jeffrey DeMunn**´s Charakter Dale wurde aus respekt vor dem Schauspieler hingegen Hühnerbrust verwendet.

Die Wahrheit ist da Draußen:

„**Final Destination**" entstand aus einer verworfenen Idee für eine „**Akte X**"-Episode.

Karrieresprung: Hätte Virgina Madsen abgelehnt, hätten die Produzenten von **„Candyman"** die weibliche Hauptrolle mit der damals noch weniger bekannten Sandra Bullock besetzt.

Üben! Üben! Üben!..
Jeder Walker-Darsteller in **„The walking Dead"** durchläuft zuerst eine so genannte Zombie-Schule, in der er lernt sich wie ein richtiger Zombie zu bewegen, bevor er vor die Kamera darf.
U.a. sollen die Teilnehmer beim Unterricht so tun, als würden sie um Zwei Uhr morgens besoffen aus einer Bar getorkelt kommen.

No Shit!

Die Angst vor dem **„Freitag der 13te"** heißt *Paraskevidekatriaphobia.*

Rückschritte: Damit der
Gang von der untoten Samara im Film „**Ring**" richtig unheimlich aussah, drehte man die Darstellerin rückwärtsgehend und spielte sie im Film wiederum rückwärts ab.

GÄSTEBUCHEINTRAG:

_____
_____
_____
_____
_____
_____
_____
_____
_____
_____
_____
_____
_____
_____
_____
_____

RATERUNDE 4

1. **Welcher Film ist keine Computerspiel-Verfilmung?**

   a) Silent Hill
   b) Resident Evil
   c) Event Horizon
   d) Alone in the Dark
   e) House oft the Dead

2. **Welcher Kul-Horror hatte noch kein offizielles Remake:**

   a) Das Omen
   b) Psycho
   c) Die Vögel
   d) Last House on the Left

3. **Wie hieß der Killer-Clown in Stephen Kings „Es"?**

   a) Rumpelstilskin
   b) Umpalumpa
   c) Dollarhyde
   d) Pennywise

Lösungen hinten im Buch auf letzter Seite.

I think your Freaky:

Tim Currys roten Clown-Haare in der Verfilmung von Stephen Kings „**Es**" waren keine Perücke. Der Darsteller ließ sich die Haare tatsächlich rot färben. Die Crew hatte beim Dreh eine Heidenangst vor ihm.

Geiler Arsch: „**The walking Dead**"-Star Norman Reedus mag das sogenannte Mooning, bei dem man den Leuten den blanken Hintern zeigt. Auch neigt er dazu Leute in seinem Umfeld abzulecken.

Undefiniert:

„**Night of the living Dead**" sollte ursprünglich „Night oft he Flesheaters" heißen. Auch nannte George A. Romero die Untoten niemals Zombies (das Wort fällt niemals im Film und seinen Fortsetzungen) sondern meinte eher, es handle sich bei den Kreaturen im Film um Ghoule.

Spielkind:

Hauptverantwortlicher Effektmeister und Zombiegestalter bei „**The walking Dead**" Greg Nicotero von KNB-Effects, spielt auch selbst gelegentlich den Walker. Sein wohl bekanntester Auftritt in der Serie war, als er in Episode 4 der ersten Staffel Amy (Emma Bell) totbeißt.

Gut zu wissen: „Freitag der 13te" wurde in einem echten Sommercamp gedreht, welches bis heute im Geschäft ist.

Epische Worte:

"Ach so ist das! Du hast die Hölle gesehen, und jetzt hast du Angst dort zu landen, als Strafe für deine vielen Untaten. Da weiß ich was Besseres. Setz dich aufs Klo, bete fünf Ave-Maria, wisch dir den Arsch ab und zwischen dir und Gott ist alles wieder klar!." – **Kenny „Dawn oft he Dead" (Remake)**

Ausgezeichnet: Der Film
„American Werwolf in London"
war der erste Film der einen Oskar
für das beste Make-Up erhielt.

Aufgeweicht:
Der familientaugliche Kult-Klassiker
„ET" war ursprünglich als Horrorfilm
geplant.

Bekannte Gesichter:
Oskar-Preisträger Frank Darabont ("The
Green Mile") machte die
Serienumsetzung von **"The walking
Dead"** als Showrunner, Autor und
Regisseur erst möglich.
In seiner zuvor gedrehten Stephen King
Verfilmung **"The Mist"** sind fünf spätere
Darsteller aus **"The walking Dead"** mit
dabei.
Jeffrey Demunn (Dale), Laurie Holden
(Andrea), Melissa McBride (Carol), Sam
Witwer (der Zombie im Panzer) und Juan
Gabriel Pareja, dessen Charakter sowohl
in **"The Mist",** als auch in **"The walking
Dead"** Morales hieß.

Geschmacklos:

„Shining" wurde für zwei goldene Himbeeren (Anti-Oskar) nominiert. Für die schlechteste Regie und die schlechteste Hauptdarstellerin.

Ausgezeichnet: **„Der Exorzist"** war der erste Horrorfilm, der für den Oskar als „Bester Film" nominiert wurde.

GÄSTEBUCHEINTRAG:

_____
_____
_____
_____
_____
_____
_____
_____
_____
_____
_____
_____
_____
_____
_____

Flotter Dreier: Kane Hodder spielte nicht nur Jason, sondern auch Freddy Krueger!

In **„Jason goes to Hell – The final Friday"** hat Hodder am Ende auch seine Hand in dem Klingenhandschuh, der die Jason-Maske in die Hölle herab zieht. Somit hat Kane Hodder in seiner Kariere, für wenige Sekunden, auch Freddy Krueger verkörpert.

Außerdem spielte er einen der Polizisten, denen Jason in der Pathologie begegnet.

Massenware: Die Armbrust, die Daryl in „The walking Dead"

benutzt, kann man in den Staaten ganz einfach für 300$ bei der Ladenkette Wallmart kaufen. Es handelt sich um eine Hort Scout HD 125.

Jugendschutz/Zensur-Wissen:
Die TV Cut/Uncut-Regeln

Wer ständig im Fernseher über zensierte Filme stolpert, ist selbst schuld. Denn unter Beachtung der folgenden Regeln lässt sich das ganz einfach vermeiden.

Filme mit einer FSK:ab12-Freigabe dürfen in Deutschland erst ab 20 Uhr ungeschnitten gesendet werden. Filme ab16 erst ab 22 Uhr und Filme ab18 erst ab 23 Uhr.
Wird ein Film zu früh für seine Freigabe gesendet, muss dieser für die Sendezeit geschnitten werden. In der Regel wird dieser Film von den Sendern aber zu einem späteren Zeitpunkt (für gewöhnlich in der Nacht) unzensiert wiederholt.

Dies gilt nicht für indizierte Filme, wie etwa „Starship Troopers", oder „From Dusk Till Dawn". Diese dürfen im TV gar nicht unzensiert gezeigt werden, so lange sich ein Sender nicht die Sondergenehmigung der FSF einholt. Dies passiert aber nur in den seltensten Fällen.

Zwar gibt es immer wieder mal Ausnahmen von den oben aufgeführten Regeln, doch kann man, unter Beachtung dieser, den meisten zensierten Filmen im TV aus dem Weg gehen.

Arschgeil: Beim Dreh der Duschszene in „**American Psycho**" versammelten sich alle Frauen am Set, um Christian Bale nackisch zu sehen.

Optische Voraussetzungen für einen Schauspieler, um einen Walker (Zombie) in „**The walking Dead**" spielen zu können:
1. Ein schlankes Gesicht
2. Ein langer Hals
3. Große Augen
4. Ein guter Knochenbau

Farbenspiel: Die Farbe Rot ist in fast jeder Aufnahme von „**Shining**" irgendwo zu sehen.

Umgetauft: Der ursprüngliche Titel von „**Halloween**" war „The Babysitter Murders".

Blutrünstig: Beim Dreh von Alexandre Ajas „**Piranha**"-Remake wurden angeblich pro Tag im Schnitt 283.905,88 Liter Kunstblut verbraucht.

GÄSTEBUCHEINTRAG:

_____

_____

_____

_____

_____

_____

_____

_____

_____

_____

_____

_____

_____

_____

_____

_____

RATERUNDE 5

1. **Pinhead aus „Hellraiser" ist ein...**

   a) Xenomorph
   b) Necromonger
   c) Cenobit
   d) Lycantrop

2. **Welcher dieser Filme existiert nicht?**

   a) Das deutsche Kettensägen-Massaker
   b) Turkish Exorcist
   c) Black Dracula
   d) Chinese Gremlins

3. **Wie heißt das Camp in den „Freitag der 13te"-Filmen?**

   a) Camp Crytal Lake
   b) Camp Rubin Water
   c) Camp Black Sea
   d) Camp Dark Nights

Lösungen hinten im Buch auf letzter Seite.

Zwei Klassen-Gesellschaft:

Die Menschen-Darsteller und die Zombie-Darsteller speisen bei den Dreharbeiten von „**The walking Dead**" getrennt voneinander, damit sich die Menschen-Darsteller nicht an den Anblick der Untoten gewöhnen. ...Tatsächlich ist es so, dass die Hauptdarsteller genervt davon waren, ständig von den Statisten gefragt zu werden, ob sie sich für einen Selfie zur Verfügung stellen würden.

Gute Freunde:

Gary Oldman nannte die Perücke, die er beim Dreh von „**Dracula**" trug Mickey-Mouse-Ohren und Arschkopf.

Vielseitig: Nicht nur „**The Conjuring**" basiert auf den paranormalen Ermittlungen des Ehepaars Lorraine und Ed Warren. Auch „**Polstergeist**", „**The Amityville Horror**" und „**A Haunting in Coneticut**" basieren auf ihren Aufzeichnungen.

Gefährlich: Der Dreh der Szene

in Episode 2 von „**The walking Dead**",
in der Merle Dixon auf einem Dach stand
und mit einem Scharfschützengewehr
auf die Zombies schoss, löste einen
SWAT-Einsatz aus, weil Einwohner
Michael Rooker für einen echten
Scharfschützen hielten.

Alte Hasen: Nicht ein einziger der

Darsteller in der ersten Verfilmung
des Teen-Horrors „**Carrie**" war im
Teenager-Alter.

Angekotzt: In der Szene in

„Der Exorzist", in der Linda Blair
ihren Kollegen Jason Miller ankotzt,
sollte das Erbrochene (tatsächlich
feine Erbsensuppe) den Schauspieler
ursprünglich an der Brust treffen.
Wegen eines Fehlschusses ging die
Pampe aber in Millers Gesicht,
weshalb der angeekelte
Gesichtsausdruck im Film echt ist.

Muttersöhnchen: Die
berühmten begleitenden Klänge in der „**Freitag der 13te**" Reihe sind „Ki.Ki. Ma.Ma", was wie „Kill Kill Mama" klingen soll.

Augenscheinlich:
Die Zombies in "**The walking Dead**" blinzeln nicht. sollte einer der Zombie Darsteller beim Dreh trotzdem blinzeln, dann wird dies bei der Nachbearbeitung retuschiert.
Auch die Geräusche, die die Walker machen, werden erst nachträglich in die Serie eingefügt.

Ein ganz Harter:
Stephen King sagte mal, dass das einzige seiner Bücher, dass ihm tatsächlich Angst einjagt, „**Friedhof der Kuscheltiere**" ist.

Schnellschuss: Der erste „**SAW**"-Film wurde in nur 18 Tagen gedreht. Es gibt im Film keinerlei Außenaufnahmen, weil es das schmale Budget nicht zuließ.

GÄSTEBUCHEINTRAG:

_____

_____

_____

_____

_____

_____

_____

_____

_____

_____

_____

_____

_____

_____

_____

RATERUNDE 6

1. **Welcher der Filme ist kein „Geschichten aus der Gruft"-Film?**

    a) Das Ritual – Im Bann des Bösen
    b) Monster High
    c) Ritter der Dämonen
    d) Bordello of Blood

2. **Welcher Film war Rob Zombies Spielfilmdebüt?**

    a) Devils Rejects
    b) Halloween
    c) Haus der tausend Leichen
    d) El Superbeasto
    e) The Lords of Salem

3. **Folgendes Land hat seinen eigenes „Paranormal Activity"-Spin-Off.**

    a) Russland
    b) Polen
    c) Frankreich
    d) Japan

Lösungen hinten im Buch auf letzter Seite.

Komisch: Im ersten Teil von „**A Nightmare on Elm Street**" fällt der Name der titelgebenden Straße nicht ein einziges Mal.

Raubtierhaft: Hannibal Lecter blinzelt im Film „**Das Schweigen der Lämmer**" nicht ein einziges Mal.

Lecker: Die Maus, die das Mädchen Lizzie in Staffel 4 von „**The walking Dead**" an einen liegenden Zombie verfüttert bestand zum größten Teil aus Gelatine und Trauben Gelee.

Gutes Vorbild: „**Psycho**", „**Das schweigen der Lämmer**" und „**Texas Chainsaw Massacre**". Alle Drei Filme ließen sich von den Untaten des echten Serienkillers Ed Gain inspirieren.

Talentiert: Die unheimlichen Vorspänne von „**American Horror Story**" und „**The walking Dead**" stammten alle von dem selben Kerl. ...Kyle Cooper,

GÄSTEBUCHEINTRAG:

_____

_____

_____

_____

_____

_____

_____

_____

_____

_____

_____

_____

_____

_____

_____

_____

_____

RATERUNDE 7

1. **In welchem „Halloween"-Teil kam Michael Myers nicht vor?**

   a) Halloween 3
   b) Halloween H2o
   c) Halloween – Der Fluch des Michael Myers
   d) Halloween Resurrection
   e) Halloween 5

2. **Von welchem der folgenden Filme gibt es keine 3D-Fortsetzung?**

   a) Der weiße Hai
   b) Freitag der 13te
   c) Final Destination
   d) Die Vögel

3. **Welcher Film basiert nicht auf einer Vorlage von Clive Barker?**

   a) Midnight Meat Train
   b) Book of Blood
   c) Angel Heart
   d) Nightbread

Lösungen hinten im Buch auf letzter Seite.

Schräg: Andrew Lincoln´s (Rick in „**The walking Dead**") echter Nachname lautet Clutterbuck.

Kinderfeundlich:
Schauspieler James DuMont („**The Cellar Door**"), veranstalte mal einen Kindergeburtstag.
Der dafür angeheuerte Clown war John Wayne Gacy, der sich später als Serienkiller berühmt wurde.

Komisch: Der ursprüngliche Titel von „Scream" war „Scary Movie".

Muschi-Terror:
Die Katze „Church" in „**Friedhof der Kuscheltiere**" wurde tatsächlich von 7 Katzen gespielt.

Schlau: In der letzten Szene

von **"So finster die Nacht"** übermittelt Oskar, der in einem Koffer sitzenden Eli per Morsezeichen das schwedische Wort "Puss". Übersetzt: "Kleiner Kuss", bzw "Küsschen".

GÄSTEBUCHEINTRAG:

_____

_____

_____

_____

_____

_____

_____

_____

_____

_____

_____

_____

_____

_____

_____

_____

Abgelaufen:

„Sleepy Hollow" und **„Bringing out the Dead"** waren die letzten zwei Filme, die auf Laserdisc veröffentlicht wurden.

Verweiblicht: Das

Stuntdouble von Chandler Riggs (Carl, in **„The walking Dead"**) ist eine 31 Jährige Frau namens Asley.

Helfende Hand: Stephen King

persönlich, der ein großer Fan des ersten **„Tanz der Teufel"** ist, überredete Producent Dino DeLaurentis die Fortsetzung zu produzieren, nachdem Sam Raimi Probleme damit hatte die Finanzierung zu organisieren.

Verhandlungssache:

Um ein Haar wäre Robert Englund im zweiten Teil von „**A Nightmare on Elm Street**" nicht mehr als Freddy Krueger dabei gewesen, weil er (zurecht) mehr Gage verlangte und die Verantwortlichen von New Line dachten, dass Jeder die Rolle spielen könnte.

Es wurde ein Stuntman als Ersatz angeheuert, was dann in Test-Aufnahmen aber einfach nicht hinhauen wollte, weshalb man Englund letzten Endes die geforderte Gage zahlte.

Bestraft: Ursprünglich war

Thomas Jane ("**The Punisher**", "**The Mist**") für die Rolle des Rick Grimes in „**The walking Dead**" vorgesehen. Genau aus diesem Grund haben auch die Blutspritzer auf Ricks weißem Hemd, nachdem er seinen ersten "Walker" tötet auch eine Totenkopfform.

Epische Worte:

"Komm´ nie auf die unendlich dumme Idee wegzulaufen, denn ich hab 6 kleine Freunde, die alle schneller laufen können als du." –
Seth Gecko, „From Dusk till Dawn"

Ungesagt: In "The walking Dead" fällt nie das Wort Zombie. Statt dessen werden die Untoten eher Walker, oder Biters genannt. Robert Kirkman erklärte dies damit, dass in dem von ihm geschaffenen Universum niemals Filme wie **"Night of the living Dead"**, oder **"Dawn of the Dead"** existiert haben. Ironischer Weise wurde eben auch in den von ihm genannten Filmen kein einziges Mal das Wort "Zombie" ausgesprochen.

Ausgebeutet: Viele der Zombies in Lucio Fulcis „Geisterstadt der Zombies" und „Woodoo – Schreckensinsel der Zombies" wurden von Obdachlosen gespielt, die sich für eine warme Mahlzeit und Schnaps zur Verfügung stellten.

Sauerei: Für das Finale von Peter Jackson´s „Braindead" wurden über 300 Liter Kunstblut vergossen.

GÄSTEBUCHEINTRAG:

_____

_____

_____

_____

_____

_____

_____

_____

_____

_____

_____

_____

_____

_____

_____

_____

Fehlerhaft: Genau hinschauen!

In der Szene, in Episode 1 der ersten Staffel von „**The walking Dead**", in der Rick mit seinem Pferd das erste Mal auf eine große Gruppe von Walkern trifft, kann man in der Menge einen Mann sehen, der einen Becher Wasser trinkt.

Unvollständig: Der

ursprüngliche Titel zu „**Childs Play**" („Chucky – Die Mörderpuppe") war „Batteries not includet" („Batterien nicht inbegriffen").

Tüchtig: Jason Vorhees tötete

insgesamt 167 Menschen. 28 davon allein in „**Jason X**".

Wiedererkennung: Wegen ständig

wechselnden Make-Up-Design, müssen sich die Zombie-Statisten in **The walking Dead** immer wieder aufs Neue bei den Hauptdarstellern vorstellen.

Abgelehnt: Jennifer Love Hewitt

wurde die Hauptrolle in „The Ring"
angeboten. Sie wollte nicht!

Gute Nachbarschaft:

„**Poltergeist**" und „**ET**" wurden in der
selben Straße gedreht.

Schlechter Schmack:

U.a. NBC und HBO lehnten es ab "**The
walking Dead**" zu produzieren.
Ausgerechnet den Verantwortlichen von
HBO, war die Serie zu gewalttätig. Schon
komisch, wenn man sich die
Produktionen, wie "Game of Thrones",
oder "True Blood", von letztgenannten
Sender anschaut.

Schutzbedarf: Warner

mussten Linda Blair noch sechs Monate
lang, nach der Veröffentlichung von „Der
Exorzist" von Bodyguards beschützen
lassen, weil sie Droh-Post von religiösen
Fanatikern bekommen hatte, die
meinten, der Film würde Satan
verherrlichen.

Rollenwechsel: Ursprünglich

bewarb sich Norman Redus für die Rolle des Merle Dixon in „The walking Dead".

Tote Stars: Die Skelete die

in „Poltergeist" verwendet wurden, waren echte menschliche Gerippe, weil sie viel günstiger waren, als künstliche.

Einfach zu böse: Die Kutte

des Killers in „**Scream**" sollte ursprünglich weiß sein. Man entschied sich letztlich aber dagegen, weil das Kostüm unnagenehm an den Klu-Klux-Klan erinnerte.

Brandstifter: Sam Raimi

behauptet, er habe die Hütte aus „Tanz der Teufel" nach den Dreharbeiten abgefackelt. Dafür, dass er es wirklich getan hat, gibt es keine Beweise.

Traurig: Mia Farrow bekam beim Dreh von „Rosemarys Baby" ihr Scheidungspapiere (bezüglich ihrer Ehe mit Frank Sinatra), am Set, vor den Augen alle Beteiligten, zugestellt.

Gästebucheintrag:

_____

_____

_____

_____

_____

_____

_____

_____

_____

_____

_____

_____

_____

_____

_____

_____

RATERUNDE 8

1. **Wie heißt der Hauptdarsteller aus den Evil Dead Filmen?**

   a)Bruce Lee
   b)Bruce Willis
   c) Bruce Campbell
   d) Bruce Biggelow

2. **Welcher dieser Filme stammt nicht von Dario Argento?**

   a) Suspiria
   b) Das Haus an der Friedhofsmauer
   c) Pelts
   d) Vier Fliegen auf grauem Samt

3. **Welcher Star hatte einen Gastauftritt in „Piranha 3D"?**

   a) Sean Bean
   b) Til Schweiger
   c) Cameron Diaz
   d) Richard Dreyfuss

Lösungen hinten im Buch auf letzter Seite.

Welten: Es gibt kleine Hinweise darauf, dass "**The walking Dead**" in dem selben filmischen Universum angesiedelt ist, wie die vom gleichen Sender (AMC) produzierte Kult-Serie "**Breaking Bad**". So besitzt Daryl in Staffel 2 in einem Beutel voller Drogen auch eine Portion des berühmten "Blue Meth". Auch der Sportwagen, den Glen in Staffel 1 fährt, kommt in "Breaking Bad" vor. Und zu guter Letzt: In Staffel 5 erzählt Daryl Beth, dass er mal einen weißen Dealer getroffen hatte, der seine Sätze gern mit "Bitch" beendete. Eine Eigenart von Jessy Pinkman, zweiter Hauptdarsteller von "Breaking Bad".

Zahlenspiele: Das Verhältnis Mensch zu Zombie, liegt im "**The walking Dead**"-Universum ungefähr 1:5000.

Späte Rache: Wes Craven benannte Freddy Krueger nach einen Jungen, der ihn während der Schulzeit terrorisierte.

Rollenspiele:

Robert DeNiro und Robin Williams wurden beide für die Rolle des Jack Torrence in **„Shining"** in Erwägung gezogen.

Der Absager: Tom Cruise

sollte ursprünglich den „Edward mit den Schärenhänden" spielen. Er lehnte die Rolle ab, weil er ein glücklicheres Ende für den Film wollte.

Guter Tipp: Oren Peli änderte,

das ursprüngliche Ende von **„Paranormal Activity"** auf Wunsch von Steven Spielberg.

Einzelfall: Episode 12 der 4.

Staffel von **„The walking Dead"** ist die erste Episode der Serie, in der eine komplette Folge lang nur zwei der Charaktere auftauchen. Beth und Daryl.

Gar nicht lustig: Eddi Murphy war für die Hauptrolle des „**Candyman**" im Gespräch.

GÄSTEBUCHEINTRAG:

_____

_____

_____

_____

_____

_____

_____

_____

_____

_____

_____

_____

_____

_____

_____

_____

_____

_____

Koffeinhaltig: Um das Wasser in den Kopf-Aquarien des Governors in „The walking Dead", echt aussehen zu lassen, gab man Tee und Kaffesatz hinein.

Pervers:

Freddy Krueger sollte ursprünglich ein Kinderschänder sein.
Wes Craven entschied sich letztlich dafür, dass ein Kindermörder unheimlich genug wäre.

Abgehangen: Um beim Schminken der Vampire in „Interview mit einem Vampir" die Blutgefäße anständig nachzeichnen zu können, hingen die Schauspiler 30 Minuten kopfüber herunter.

Verflucht: „Der Exorzist"

gehört zu den Filmen, von denen gesagt wird, dass ein Fluch auf ihnen liegt. Eine Schauspielerin wurde beim Dreh verletzt, zwei Darsteller starben bevor der Film veröffentlicht wurde und ein Feuer zerstörte das halbe Set.

Die perfekte Immobilie:

Das Haus der Kannibalenfamilie Sawyer aus dem „Texas Chainsaw Massacre" ist inzwischen ein Restaurant.

Dirty Bitch: Wer denkt in der

Duschszene in Psycho Janet Leigh´s Körper zu sehen, der täuscht.
Sie wurde von Marli Renfro gedoubelt. Einer Stripperin.

Zu glücklich: Es gibt ein

alternatives Happy-End zu John Carpenters „Das Ding aus einer anderen Welt". Leider wird es wohl kaum Jemand jemals zu sehen bekommen.

Jugendschutz/Zensur-Wissen:
Indizierungen und Beschlagnahmungen.

Filme (aber auch Musik, Bücher, Videospiele ect.) können von der BPJM (Bundesprüfstelle für Jugendgefährdende Medien) indiziert werden. Wichtig dabei ist immer der Grund warum ein Film indiziert wird und der Listenteil auf dem der Film landet.

<u>Achtung:</u> Indiziert wird immer das entsprechende Trägermedium (DVD, CD, Video), inhaltsgleiche Versionen anderer Labels müssen dann ebenfalls auf die entsprechende Liste eingetragen werden.

Liste A: Auf Listenteil A landen Filme, die nach Ansicht der BPJM jugendgefährdend sind.
Damit einher geht ein Werbeverbot, weshalb der indizierte Film auch nicht öffentlich in Kaufhäusern und Geschäften ausliegen darf, zu denen Kinder und Jugendliche Zugang haben. Besitz und Weiterverkauf sind hingegen erlaubt.

Liste B: Filme die auf Listenteil B landen unterliegen hingegen einen Werbe- und Verbreitungsverbot, weil diese laut Ansicht der BPJM strafrechtlich relevant sind (meistens handelt es sich dabei um den §131 Gewaltverherrlichung) und daher von der Staatsanwaltschaft geprüft und gegebenenfalls auch Richterlich aus dem Verkehr gezogen werden müssen. Der Kauf und der Besitz der Filme selbst ist legal.

<u>Aber Vorsicht:</u> Es werden Filme nicht nur wegen Gewaltverherrlichung indiziert. Auch kann ein Film u.a. wegen des §184 (Kinderpornografie) indiziert, oder beschlagnahmt werden. Der Besitz eines solchen Films kann durchaus strafbar sein.

Beschlagnahme: Landet ein Film der Liste B schließlich vor einem Richter, kann dieser ihn per Beschluss bundesweit aus dem Verkehr ziehen. Der Film gilt dann quasi als „Verboten".

<u>Achtung:</u> Eine Beschlagnahme gilt immer nur für das entsprechende Trägermedium. Inhaltsgleiche Versionen anderen Labels gelten nicht als beschlagnahmt, und müssen soweit auch erst mal von einem Richter begutachtet werden.
Für privaten Besitz gelten die selben Regeln, wie bei der Liste B.

Gruppensieger: Rick führt

in „**The walking Dead**" mit 157 Kills
(davon 20 Menschen) die Rangliste unter
den Killern.
Dicht gefolgt von Daryl, mit 150 Kills
(davon 8 Menschen) und Glen, der 129
Walker getötet hat. Die Zahlen gelten bis
zum Ende der 5. Staffel.

GÄSTEBUCHEINTRAG:

_____

_____

_____

_____

_____

_____

_____

_____

_____

_____

_____

_____

_____

RATERUNDE 9:

1. Welcher Oskar-Preisträger drehte den Piloten zu „The walking Dead"?

    a) Steven Spielberg
    b) Frank Darabont
    c) John Singleton
    d) Clint Eastwood

2. Wer war der Regisseur von „Gremlins"?

    a) Joe Dante
    b) John Landis
    c) John Carpenter

3. Welcher vierte Teil dieser Horror-Reihen spielte nicht im Weltall?

    a) Critters
    b) Hellraiser
    c) Alien
    d) Lebrechaun
    e) Freitag der 13te

Unheimlich: Die Inspiration

zu Freddy Krueger holte sich Wes Craven von einer Reihe wahrer Fälle über das sogenannte „sudden unexpected nocturnal death syndrome" (plötzliches unerwartetes Schlaf-Tot Syndrom).
In einem dieser Fälle wurde von einem jungen Mann berichtet, der unglaubliche Angst davor hatte einzuschlafen. Nachdem er sich dann, nach Tagen des Wachseins, zu Bett gelegt hatte, starb er im Schlaf.

Gesund: Bei einer

wissenschaftlichen Studie wurde festgestellt, dass durch das Ansteigen des Pulses beim Gucken von Horrorfilmen große Mengen an Kalorien verbrannt werden.

Mysteriös:

Am Set von „**The Fog – Nebel des Grauens**" tauchte die in eine Wand gekratzte Inschrift „H.Hawks" auf, die unter allen Beteiligten ein großes Rätselraten auslöste, was es damit auf sich hätte.

Es stellte sich heraus, dass es John Carpenter war, der die Initialen seines Lieblingsregisseurs in die Wand geritzt hatte. Howard Hawks.

Sind sie krank?

Die krankhafte Angst vor Clowns nennt man **Coulrophobie**.

...Sollten sie sich vor Spinnen fürchten, leiden sie wahrscheinlich unter **Arachnophobie**.

Und falls ihnen beim Anblick von Katzen ganz anders wird, könnten sie unter **Aelurophobie** leiden.

...Die Angst davor zu Sterben nennt man ganz so nebenbei Überlebenswille.

Frau sei dank: Stephen

King warf seinen ersten großen Bestseller
„**Carrie**" in den Mülleimer.
Erst seine Frau überzeugte ihn dazu das
Buch fertig zu stellen.

GÄSTEBUCHEINTRAG:

_____

_____

_____

_____

_____

_____

_____

_____

_____

_____

_____

_____

_____

_____

_____

_____

_____

Bodycounter: Mit 310

Toten soll „**Grindhouse**" von 2007 der leichenreichste Horrorfilm sein.

Unterschätzt: Ridley Scott

war als Regisseur für „**Alien**" erst die 5. Wahl.

Eingebung: Der

Drehbuchautor C. Robert Cargill erhielt seine Idee zu „**Sinister**" in einem Traum, als er ein Nickerchen machte nachdem er sich „**The Ring**" angeschaut hatte.

Rache ist süß: Stephen King

wurde 1999 von einem betrunkenen Fahrer umgefahren und beinahe getötet.

Nachdem er sich erholt hatte, kaufte er den Unfallwagen für 1.500$ und tobte sich an dem Fahrzeug mit einem Baseball-Schläger aus.

Clever: Damit sich die

Autofahrer sich beim Dreh der London-Szenen in „**28 Days later**", wegen der gesperrten Straßen, nicht zu sehr aufregten, stellten die Produzenten sexy Frauen ein, die die wartenden Autofahrer bei Laune hielten.
Es funktionierte und die Fahrer zeigten eine Engelsgedult.

Bizarr: In der Buchvorlage zu

„**Psycho**" war Norman Bates fett, klein und unsympathisch.
...Im Film dagegen schlank, groß und freundlich.

WTF?! Um ein Haar hätte

Gwyneth Paltrow die Hauptrolle der Alice in „Resident Evil" gespielt.

Kinderarbeit: Der berühmte

Space Jockey in **„Alien"** war deutlich kleiner als es im Film aussieht. Ridley Scott filmte seine kleinen Kinder in Astronauten-Kostümen, damit die Kulisse so groß rüber kam.

Ein Durchschnittstyp:

Darsteller, die für die Rolle des **„Terminators"** in Erwägung gezogen wurden: Oj Simpson, Meld Gibson, Tom Selleck, Michael Douglas. Ursprünglich sollte der Terminator auch wie ein durchschnittlicher Mann aussehen, der in einer Menschenmenge nicht auffällt.

Irgendwie schade:

The Shining war der einzige Film an dem die beiden Darstellerinnen, die die tote Frau im Zimmer 237 spielten, teilnahmen.

GÄSTEBUCHEINTRAG:

_____
_____
_____
_____
_____
_____
_____
_____
_____
_____
_____
_____
_____
_____
_____
_____
_____
_____
_____
_____
_____
_____

Lösungen der Raterunden:

RATERUNDE 1: 1b) 2d) 3a)

RATERUNDE 2: 1e) 2c) 3a)

RATERUNDE 3: 1b) 2d) 3b)

RATERUNDE 4: 1c) 2c) 3c)

RATERUNDE 5: 1c) 2d) 3a)

RATERUNDE 6: 1b) 2c) 3a)

RATERUNDE 7: 1a) 2d) 3c)

RATERUNDE 8: 1 c) 2b) 3d)

RATERUNDE 9: 1b) 2a) 3e)

Impressum:
Autor: Andreas Port **Herausgeber:**
Adrian Majewski. **Herstellung und Verlag:**
BoD - Books on Demand , Norderstedt
ISBN: 9783739216980